BEI GRIN MACHT SICH IHR WISSEN BEZAHLT

- Wir veröffentlichen Ihre Hausarbeit,
  Bachelor- und Masterarbeit

- Ihr eigenes eBook und Buch -
  weltweit in allen wichtigen Shops

- Verdienen Sie an jedem Verkauf

Jetzt bei www.GRIN.com hochladen
und kostenlos publizieren

Ann-Christin Robben

Memorializing the Sacred

GRIN Verlag

Bibliografische Information der Deutschen Nationalbibliothek:

Die Deutsche Bibliothek verzeichnet diese Publikation in der Deutschen National-
bibliografie; detaillierte bibliografische Daten sind im Internet über http://dnb.d-
nb.de/ abrufbar.

Impressum:

Copyright © 2009 GRIN Verlag, Open Publishing GmbH
Druck und Bindung: Books on Demand GmbH, Norderstedt Germany
ISBN: 978-3-656-22047-3

Dieses Buch bei GRIN:

http://www.grin.com/de/e-book/195562/memorializing-the-sacred

INHALTSVERZEICHNIS

1 Einleitung

Denkmäler haben eine elementare Funktion in einer Gesellschaft. Sie sind vermittelnde Medien zwischen der Vergangenheit und der Gegenwart. Denkmäler repräsentieren einerseits neutral die Geschichte einer Kultur, andererseits implizieren sie auch evident die Bedeutung des Vergangenen für eine Gesellschaft. Bereits die Diskussionen um ihren Bau oder Nicht-Bau symbolisieren die „politischen und mentalen Transformationen einer Gesellschaft"[1]. Ein Denkmal spiegelt nicht nur ein erinnerungswürdiges Ereignis der Vergangenheit wider, sondern auch den Umgang eines Volkes mit seiner Vergangenheit. Peter Carrier formuliert es ähnlich: „It is necessarily a product and reflection of its time, derived from the initiative of an individual, group or state."[2] Mahnmäler lassen Schlüsse über den Grad und die Intensität der Ereignisverarbeitung zu, da die Darstellungsweise den Erinnerungsmodus widerspiegelt.

Eine wissenschaftliche Untersuchung, basierend auf der Interpretation von Denkmälern, führte auch Janet Jacobs, Professorin für Soziologie an der Universität von Colorado, durch. Sie untersuchte die Erinnerungskultur zum Holocaust in Deutschland unter besonderer Berücksichtigung der Betrachtung der Rolle der Synagogen und heiligen Kultgegenstände. Ihre Forschungsarbeit basiert auf Feldarbeit an fünfzig Gedächtnisstätten zur Kristallnacht. Ihre Forschungsergebnisse legte Janet Jacobs im Jahr 2008 in der „Journal for the Scientific Study of Religion" dar.

In dieser Ausarbeitung des mündlichen Vortrages sollen vordergründig die Kernaussagen des englischen Artikels dargestellt werden, das Fazit der Ergebnisse herausgearbeitet werden, wie auch Hintergrundwissen zur Geltung und Wirkung des Holocaust eingearbeitet werden. Aufgrund der fremdsprachlichen Textgrundlage werden in den folgenden Ausführungen diverse englische Zitate, insbesondere zur Darstellung des Fazits ihrer Untersuchung, eingefügt, um ihre intendierte Aussageabsicht nicht zu verfälschen und den direkten Wortlaut zu zitieren.

---

[1] Gilzmer, Mechthild: Denkmäler als Medien der Erinnerungskultur. In Frankreich seit 1944. München 2007, S. 11.
[2] Carrier, Peter: Holocaust Monuments and National Memory Cultures in France and Germany since 1989. The Origins and Political Function of the Vél' d'Hiv' in Paris and the Holocaust Monument in Berlin. New York/Oxford 2005, S. 32.

2 Vorwort zum Holocaust-Gedächtnis

Der systematische Massenmord an den mehreren Millionen europäischen Juden ist ein Ereignis des Zweiten Weltkrieges, des zwanzigsten Jahrhunderts. Über dieses grausame Verbrechen an Mitbürgern und Mitbürgerinnen wird bis in die heutige Zeit stillgeschwiegen. Erst mit großer zeitlicher Distanz zu dem historischen Ereignis begann man die Gräueltat aufzuarbeiten und zu verarbeiten. Dies ist jedoch bis zum heutigen Tag nur ansatzweise und noch längst nicht in ausreichender Weise geschehen. Die Wahrnehmung der Ereignisse ist teilweise noch immer verstellt: idealisierend, neutralisierend oder ideologisierend. Dan Diner hält fest, dass „der Holocaust die elementaren Fundamente von Zivilisation und Kultur erschüttert"[3] hat. Hierdurch wird die realistische Sichtweise der Dinge zudem erschwert. Allmählich wird das Schweigen nach und nach gebrochen; Vermutlich weil die Tätergeneration ausstirbt und man sich nicht mehr persönlich verantwortlich für die Geschehnisse fühlt. Diner bezeichnet die Jahrzehnte des Schweigens als „Zeit des Erinnerungsschwundes"[4], was zutreffend den Umgang der Bevölkerung mit der Zeit des Nationalsozialismus beschreibt. Nach und nach sind die Ereignisse in das kulturelle Gedächtnis eingegangen. Nach Aleida Assmann besteht das kulturelle Gedächtnis aus drei Gedächtnisformen: dem individuellen, dem sozialen und dem politischen Gedächtnis. Alle drei münden in das kulturelle Gedächtnis, welches von Speichermedien wie Büchern, Fotos oder auch Denkmälern, charakterisiert wird. In Deutschland sind viele Mahnmäler in Erinnerung an den Holocaust entstanden. Exemplarisch sind das „Denkmal für die ermordeten Juden Europas" in Berlin, das Mahnmal auf dem Synagogenplatz in Aachen oder das Mahnmal in Hamburg an der Oberstraße zu nennen.

Jacobs merkt an, dass in den letzten zwei Jahrzehnten die Zahl der wissenschaftlichen Untersuchungen zur Holocaust-Erinnerung deutlich angestiegen ist und sich die Zahl der Denkmäler in den letzten zwei Jahrzehnten immens vergrößerte. In den 1950ern beginnt die jüdische Bevölkerung vor allem im Osten Deutschlands in Form von kleineren Zeremonien und mit Hilfe von Zeitungsartikeln der Ereignisse des 9. Novembers zu gedenken. In den späten 1970ern entsteht mit dem neuen Bewusstsein in der Bevölkerung bezüglich des Judenmordes eine

---

[3] Diner, Dan: Gegenwärtige Gedächtnisse. Über Geltung und Wirkung des Holocaust. Göttingen 2007, S.7
[4] A.a.O., S. 8.

Expansion des öffentlichen Gedenkens an die Ereignisse, über die jüdische Bevölkerung hinaus. Das Gedenken nimmt Einzug in gesamtdeutsche Bevölkerungsteile, wie auch in den Staat. Diese zunehmende Verstaatlichung des Gedenkens an die Kristallnacht ist im Jahr 1988, zum fünfzigsten Jahrestag dieses Ereignisses gefestigt: Auf Drängen von sowohl jüdischen als auch christlichen Teilen der Bevölkerung hält die Regierung in Ost- und Westdeutschland Zeremonien ab. Die Regierung nimmt erstmalig öffentlich und aktiv am Gedenken der Verbrechen im Jahr 1938 teil. Jedoch ist ein Unterschied im öffentlichen Gedächtnis zwischen Ost- und Westdeutschland festzustellen. In Ostdeutschland werden sowohl Reden von den Regierungskräften, als auch von ostdeutschen Juden gehalten. Der Inhalt dieser Reden beschränkt sich nicht nur auf die Ereignisse vom neunten November, sondern es wird auch das gesamte jüdische Leiden in der Geschichte aufgegriffen. In Westdeutschland hingegen gibt es nur eine einzige Rede von dem damaligen Bundespräsidenten Philipp Jenninger, die letztendlich die „Jenninger Affair" auslöste. Die im November 1988 gehaltene Gedenkrede von Jenninger zum fünfzigsten Jahrestag der Reichspogromnacht löste einen Skandal aus. Einerseits wurde sein Redestil kritisiert, andererseits hat er auch gesellschaftliche Tabus angesprochen, welches äußerst divergente öffentliche Reaktionen hervorgerufen hat. Die konkreten Vorwürfe gegen ihn lauteten, dass er sich im Vortragston vergriffen, die Textgattung Gedenkrede verfehlt, die Sprache der Nazis gesprochen und sich nicht ausreichend von den Nazi-Verbrechen distanziert habe.[5] Ab 1989, dem Jahr der deutschen Wiedervereinigung, ist insofern der Höhepunkt des Holocaust-Gedächtnisses erreicht, dass große deutschlandweite Zeremonien abgehalten werden und das ganze Land öffentlich um den Verlust eines großen Teils der jüdischen Bevölkerung trauert.

---

[5] Vgl. Heringer, Hans Jürgen: Ich gebe Ihnen mein Ehrenwort. München 1990, S. 166.

3 Untersuchung Janet Jacobs zur Erforschung der religiösen Erinnerung der deutschen Bevölkerung im Gedenken an die Kristallnacht

3.1 Vorbemerkungen zur Durchführung der Untersuchung von Janet Jacobs

Wie bereits in der Einleitung genannt, basiert die Untersuchung von Jacobs auf einer Feldarbeit an fünfzig Gedächtnisstätten zur Kristallnacht in Deutschland. Die Auswahl der Stätten erfolgte anhand einer von der deutschen Regierung veröffentlichten Liste, die Orte der Erinnerung an die jüdische Vergangenheit verzeichnet. Mögliche Orte für ihre Feldarbeit waren zum Beispiel Ruinen, Denkmäler oder wieder aufgebaute Synagogen in Erinnerung an die Nacht vom 9. November 1938 auf den 10. November 1938. Es wurde versucht eine repräsentative Auswahl der Stätten zu erreichen, indem sowohl Erinnerungsstätten in großen Städten (Berlin, Frankfurt, Köln, Hamburg) als auch in mittelgroßen (Essen, Aachen) und kleineren Städten (Friedberg, Speyer, Worms) von Jacobs besucht und interpretiert wurden. Weiterhin wurde auf eine Vielfältigkeit der Erinnerungsstätten (kleine Denkmäler, öffentliche Skulpturen, mittelalterliche Ruinen, jüdische Exponate in Staats- und Stadtmuseen) geachtet, ebenso die Daten zum Einen durch schriftliche Aufzeichnungen und zum Anderen durch Fotografie und Videoaufzeichnungen dokumentiert.

3.2 Gruppierung der Untersuchungsergebnisse in drei Felder

Jacobs stellte während ihrer Untersuchung fest, dass drei Motive des Gedächtnisses an Gedenkstätten immer wieder auftreten und dominierend sind: Erstens ist dies das „Gedächtnis der Abwesenheit/des Fehlens" (memory of absence), zweitens das „Gedächtnis des Schreckens und der Gräueltaten" (memory of terror and atrocity) und drittens das „Gedächtnis des Todes" (memory of death). Im Folgenden wird näher auf die drei Motive eingegangen werden, sodass sich erst im Anschluss eine Begriffsklärung ihrer verwendeten Ausdrucksweise ergibt.

3.2.1 Gedächtnis der Abwesenheit/des Fehlens (memory of absence)

Das Thema der Abwesenheit als Trope von jüdischem Gedächtnis wurde erstmalig von James Young erkannt. Zeichen in beliebiger Weise markieren das Fehlen eines einst dort befindlich gewesen Baus oder Gebäudes, seien es Straßenschilder, Skulpturen, leer stehende Räume, Steine oder konkret Denkmäler, die einen Ort als einen Platz des Gedächtnisses kenntlich machen. Straßen, die durch ihren Namen einen Ort des Gedächtnisses kennzeichnen (z.B. Alte Synagogenstraße o.ä.), sind weniger auffällig als eine Skulptur oder ein Denkmal, doch auch Straßenschilder tragen dazu bei, dass Dinge nicht in Vergessenheit geraten, solange man sie nicht als eine Grundgegebenheit wahrnimmt und gegebenenfalls auch einmal über ihre ursprüngliche Bedeutung sinnt.

Zwei mögliche Beispiele für das „Gedächtnis der Abwesenheit" sind das Mahnmal auf dem Synagogenplatz in Aachen und der Gedächtnisplatz in Friedberg. Anhand des Gedächtnisplatzes in Friedberg kann deutlich gemacht werden, dass ein Gedächtnis auch auf eine andere, eine etwas dezentere Weise stattfinden kann. Denkmäler hingegen fallen dem Passanten oder Besucher sofort ins Auge und sind meistens noch mit einer Hinweistafel zur Erklärung versehen. Der Gedächtnisplatz ist ein leerer Raum in der Stadt, der nicht bebaut wird, an dem einst die Synagoge stand. Das Mahnmal in Aachen ist auf einem großen Platz unweit der Innenstadt gelegen und wurde am Rande der des Standortes der ehemaligen Synagoge errichtet. Neuerdings liegt die zwölf Fuß hohe Glasskulptur in Form eines Judensterns neben der neu gebauten Synagoge, welche schmale Fenster aufweist, die den direkten Blick auf das Mahnmal ermöglichen.

3.2.2 Gedächtnis des Schreckens und der Gräueltaten
(memory of terror and atrocity)

Charakteristisch ist für dieses festgestellte Motiv des Gedächtnisses, dass das menschliche Element der Gewalt ausgelöscht wurde. Weder die Täter, noch die jüdischen Opfer sind direkter Gegenstand der Betrachtung. Im Zentrum der vergangenen Ereignisse steht die Zerstörung der Synagogen und nicht das erlittene oder ausgeteilte Leid. Es hat eine Verknüpfung zwischen dem Holocaust und der

Zerstörung der Heiligtümer stattgefunden. Dies kann eindrücklich an dem Denkmal in Hamburg an der Oberstraße wahrgenommen werden, welches eine zerstörte Thorarolle zeigt. Jacobs formuliert signifikant ihre Definition für das Motiv des „Gedächtnisses des Schreckens und der Gräueltat": „A memory of genocide that is symbolized by the violation and ‚death' of the synagogue and its ritual objects."[6] Indem Jacobs das Wort „death" benutzt, macht sie erstmals deutlich, dass eine Vermenschlichung der Synagoge und der Kultgegenstände stattgefunden hat. Der in die Verbrechen involvierte Mensch wird ausgeblendet, sodass man provokativ von einer Verherrlichung der Ereignisse sprechen könnte.

3.2.3 Gedächtnis des Todes (memory of death)

Jüdische Friedhöfe sind zu bedeutenden Plätzen des Gedächtnisses in Europa geworden, da eine große Anzahl jüdischer Friedhöfe zerstört wurde. Die wenigen erhaltenen Friedhöfe sind zu „places of national commemoration" geworden.

Janet Jacobs zeigt in ihrer Untersuchung, dass auch eine Verknüpfung des Gedächtnisses von dem Verlust der Synagoge *und* dem Tod von sechs Millionen Juden möglich ist. Ein treffendes Beispiel um diese Verknüpfung zu verdeutlichen ist das Gedächtnis an die ehemalige Synagoge am Börneplatz in Frankfurt. Ein grasbewachsener Platz mit einem Obstgarten an dem ehemaligen Standort der Synagoge erinnert an die Zerstörung der Synagoge. Zudem umgibt diesen Obstgarten eine Steinmauer, die die Namen von elftausend Juden trägt, die während des Holocausts ermordet wurden. Hierdurch bleibt der Tod jedes einzelnen Menschen im Gedächtnis und wird angemessen gewürdigt.

Einen weiterer Aspekt des Motivs „memory of death" zeigt Jacobs anhand eines Denkmals in Köln auf, welches eine beschädigte Thorarolle zeigt. Die Besucher des Denkmals, das auch zur Erinnerung an die Verbrechen in der Kristallnacht errichtet wurde, legen auf dieses Steine, wie es im jüdischen Glauben Brauch ist auf die Gräber Verstorbener Steine zu legen. Dies ist ein Indiz für die Verehrung des Denkmals. Jacobs schlussfolgert, dass das Heiligtum in derselben Weise betrauert wird, wie der Tod eines jüdischen Gemeindemitgliedes. „Religious symbolism has

---

[6] Jacobs, Janet: Memorializing the Sacred. Kristallnacht in German National Memory. In: Journal for the Scientific Study of Religion 47 (3) (2008), S. 492.

become part of Holocaust memorialization in German culture"[7]. Dies ist ein erster Aspekt des Resümees ihrer Forschungsarbeit zu dieser Thematik. Im folgenden Gliederungspunkt wird das Fazit ihrer Untersuchung weiter ausgeführt werden.

3.3 Fazit der Untersuchung

Es ist auffällig, dass das Gedächtnis des Völkermordes mittels Bildmaterial, Kunstwerken und Mahnmälern zum Ausdruck gebracht wird, jedoch mit einem gewissem Abstand zu den Geschehnissen. Dies kann in der Form gelingen, wenn eine Verbindung von den Gräueltaten des Holocaust mit der Vernichtung der heiligen Gegenstände stattfindet. Exemplarisch hierfür wurde das Denkmal in Köln, welches die beschädigte Thorarolle zeigt, angeführt. Im Vordergrund der Darstellung steht nicht das Leid der Juden anhand von dargestellten Personen oder Körpern, sondern die brennende Synagoge ist das meistverwendete Symbol für das Nazi-Regime geworden, wie auch die Kristallnacht zu einem typischen Bild für den Holocaust allgemein geworden ist. Jacobs hält in ihrem Artikel fest: „The loss of the synagogue has become the predominant representation of German violence"[8]. Diese These wird durch das in öffentlichen Einrichtungen zum Gedächtnis des Holocausts benutzte Film- und Bildmaterial gestützt, wo vordergründig die Niederbrennung der Synagogen in unterschiedlichen Phasen oder die zerstörten Heiligtümer, wie die Thora oder die Lade gezeigt werden. Diese Beobachtungen zeigen, dass eine Distanzierung im Bewusstsein der Deutschen zu den schlimmen Geschehnissen stattgefunden hat und nicht mehr die Juden selbst im Mittelpunkt des Gedächtnisses stehen, sondern ihre religiösen Gebäude und heiligen Objekte („The research findings of this study suggest that the proliferation of Kristallnacht memorials further distances the memory of genocide from German national consciousness"[9]). Nur wenige öffentliche Einrichtungen, wie das Museum in Auschwitz, zeigen die Ereignisse in voller Grausamkeit. Dokumentationen, die Hunger, Tod und Verbrennungen zeigen, werden vermieden und sind keine gängigen Erinnerungsstücke des Gedächtnisses. Jacobs formuliert klar und deutlich, dass

---

[7] Jacobs, Janet: Memorializing the Sacred. Kristallnacht in German National Memory. In: Journal for the Scientific Study of Religion 47 (3) (2008), S. 494.
[8] Ebd.
[9] Ebd.

„Kristallnacht remembrance serves to preserve German identity by masking the more terrible history of Jewish death and murder"[10]. In diesem Zitat wird deutlich, dass Jacobs die Identitätswahrung der Deutschen als Erklärungsmöglichkeit für ihre beobachtete Verschiebung des Holocaustgedächtnisses sieht.

Jacobs führt außerdem eine interessante Verschmelzung zwischen dem christlichen Motiv des Leidens Jesu und dem Leiden der Juden im Holocaust an. Es hat eine Christianisierung des Holocaust im Nachkriegs-Europa stattgefunden. „The passion of Christ" steht einem „suffering Jewish divine in the portrayal of the wounded Torah scrolls and desecrated synagogue ark"[11] gegenüber. Der Begiff "wounded Torah scrolls" verdeutlicht einen weiteren wichtigen Resümeepunkt: Es hat eine Vermenschlichung der Heiligtümer stattgefunden („The Jewish sacred […] has become humanized […] in the post-Holocaust imagination"[12] und „Kristallnacht memorials in effect anthropomorphize the sacred"[13]).

3.3.1 Mögliche Erklärungsansätze für die Beobachtung „Memorializing the sacred"

Janet Jacobs selbst hält sich eher bedeckt mit möglichen Erklärungsansätzen für ihre beobachteten Ergebnisse. Eine klar von ihr bezogene Stellungnahme wurde bereits im vorausgegangen Gliederungspunkt 3.3 genannt.

Betrachtet man die Ergebnisse ihrer Untersuchung kritisch, fällt deutlich auf, dass das Motiv der Verdrängung eine elementare Rolle spielt. Jacobs nennt immer wieder die hergestellte Distanz zu den Ereignissen durch die Verschiebung des Erinnerungsgegenstandes. Indem Distanz bewirkt wird, wird das Vergessen erleichtert. Die Geschehnisse werden so auf einer Seite verdrängt, auf der anderen Seite bleiben sie weiterhin im Gedächtnis, jedoch auf eine im Alltag erträglichere Weise. Die Gräueltaten werden in gewisser Weise ästhetisiert, sodass sie auch für Kinder angemessen dargestellt sind.

Weiterhin würde der Gedanke der Ästhetisierung zutreffen, wenn bedacht wird, dass die nationalsozialistische Vergangenheit Deutschlands in den vergangenen

---

[10] Jacobs, Janet: Memorializing the Sacred. Kristallnacht in German National Memory. In: Journal for the Scientific Study of Religion 47 (3) (2008), S. 494.
[11] A.a.O., S. 496.
[12] Ebd.
[13] Ebd.

9

Jahrzehnten totgeschwiegen wurde. Vielleicht sind diese ästhetisierten Denkmäler erste Annäherungsversuche, die Geschichte weiter aufzuarbeiten.

Welche Eventualitäten auch zur Erklärung in Betracht gezogen werden, bleiben sie immer nur bruchstückhafte Notizen der Wirklichkeit. Was in einem Volk nach diesen Verbrechen vorgegangen ist, auch weiterhin noch vorgehen wird, bleibt ungeklärt.

4 Schlussbemerkung

In der Schlussbemerkung soll noch einmal ein ganz anderer Betrachtungsaspekt dieser Thematik im Vordergrund stehen. Folgende Leitfragen sollen in dieser Schlussbemerkung der Orientierung dienen: Lässt sich diese Thematik didaktisch sinnvoll für den Religionsunterricht aufbereiten? Falls ja, wie könnte dies aussehen? Wo lässt der Lehrplan Raum für diese Thematik?

Im Geschichtsunterricht ist die Thematik in viele Jahrgangsstufen vertreten und kehrt immer wieder. Im Religionsunterricht hat der Nationalsozialismus einen größeren Stellenwert in der Sekundarstufe II, wie auch in der zehnten Jahrgangsstufe. In den früheren Jahrgängen der Sekundarstufe I wird das Thema oftmals nur in indirekter Weise, gehörig zu einem anderen Oberthema, angesprochen. Dementsprechend würde sich diese Themenstellung vorrangig für die Oberstufe eignen. Ein weiterer Punkt, diese Materie in der Oberstufe anzusiedeln ist die Komplexität und Detailfülle des Gegenstandes. Für das Zentralabitur ist diese Thematik selbstverständlich völlig ungeeignet, da sie sehr speziell ist und in den Themenvorschlägen noch nicht einmal die nationalsozialistische Zeit allgemein genannt wird. Auf der anderen Seite ist die Frage nach dem Gedächtnis des Holocaust und dem Umgang der Generationen mit diesem sensiblen Thema so interessant, dass es für richtig erachtet werden kann, in einem Nicht-Prüfungskurs in der Oberstufe diese Sache in geringem Umfang zu behandeln. Sie muss nicht zwingend in die Besprechung der nationalsozialistischen Epoche eingebunden werden, vielmehr passt sie sogar besser in Unterrichtsreihen zu ethischen Fragen oder dem Thema Mensch. Als Lernziel dieser Unterrichtsstunden ließe sich zum Beispiel die Beschäftigung mit der Rezeption des Holocaust oder die persönliche Reflektion über Gründe für das Vergessen, Verdrängen und Erinnern von unchristlichem Verhalten anführen. Je nach Standort oder Möglichkeiten der Schule, könnte auch eine Pädagogik an Gedächtnisorten stattfinden und so auch auf die Charakteristika der Mahnmäler des Holocaust eingegangen werden.

Literaturverzeichnis

Carrier, Peter: Holocaust Monuments and National Memory Cultures in France and Germany since 1989. The Origins and Political Function of the Vél' d'Hiv' in Paris and the Holocaust Monument in Berlin. New York/Oxford 2005.

Diner, Dan: Gegenläufige Gedächtnisse. Über Geltung und Wirkung des Holocaust. Göttingen 2007.

Gilzmer, Mechthild: Denkmäler als Medien der Erinnerungskultur. In Frankreich seit 1944. München 2007.

Heringer, Hans Jürgen: Ich gebe Ihnen mein Ehrenwort. München 1990.

Jacobs, Janet: Memorializing the Sacred. Kristallnacht in German National Memory. In: Journal for the Scientific Study of Religion 47 (3) (2008), S. 485-498.